ÉLOGE

DE

J.-A. BARRAL

PAR

LOUIS PASSY

SECRÉTAIRE PERPÉTUEL

Lu dans la séance du 12 Mars 1890

PARIS

TYPOGRAPHIE GEORGES CHAMEROT

19, RUE DES SAINTS-PÈRES, 19

1890

ÉLOGE

DE

J.-A. BARRAL

SOCIÉTÉ NATIONALE D'AGRICULTURE DE FRANCE

18, RUE DE BELLECHASSE, PARIS.

ÉLOGE

DE

J.-A. BARRAL

PAR

LOUIS PASSY

SECRÉTAIRE PERPÉTUEL

Lu dans la séance du 12 Mars 1890

PARIS

TYPOGRAPHIE GEORGES CHAMEROT

19, RUE DES SAINTS-PÈRES, 19

1890

ÉLOGE

DE

J.-A. BARRAL [1]

I

Un officier d'infanterie, originaire de la Savoie, était sous la Restauration en garnison à Metz ; un mariage d'inclination l'unit à une jeune fille pauvre de cette ville, Jeanne Rémy. Deux cœurs s'échangeaient, mais non pas deux fortunes. Quand l'heure de la retraite sonna, la très modeste maison du père Rémy recueillit le ménage de l'officier. Barral naquit le 30 janvier 1819. Il fit ses études au collège de Metz. Dans l'éloge de notre excellent confrère Achille Delesse, Barral avec émotion parle des jours heureux de son enfance ! « Je revois avec bonheur les maisons de la vieille ville ; dans mes rêves je parcours avec joie les rues, je compte et je reconnais les pavés, je fais par la pensée le tour des remparts que n'avaient pas encore violés les hordes alle-

(1) J.-A. Barral, élu membre titulaire le 17 décembre 1856 ; nommé secrétaire perpétuel le 30 décembre 1871 ; décédé le 10 septembre 1884.

mandes. Les vieilles murailles du lycée elles-mêmes, ses grandes cours, ses classes un peu sombres, avec leurs bancs étroits et durs, avaient vraiment du charme. » Et il évoque dans un élan de reconnaissance, ses professeurs, le recteur Louis Mézières qui eut l'honneur d'avoir pour fils un de nos meilleurs écrivains, un membre de l'Académie française, et le professeur Chenu qui eut le grand mérite de laisser Barral devenir un curieux de la nature. « Tous ces souvenirs, nous a-t-il dit, me reviennent, quand je pense à mon ancien camarade, à Delesse qui était plus âgé que moi de deux ans; nous étions ensemble au lycée et il fut mon ancien à l'École polytechnique. » C'était en effet vers l'École polytechnique que les traditions paternelles, une vocation irrésistible, l'exemple de quelques amis, l'influence de l'École d'application de Metz entraînèrent Barral. En 1838, il arrive à Paris, et l'élève de l'École polytechnique peut, les jours de sortie, se figurer qu'il n'a pas quitté sa ville natale. Metz se retrouve et renaît dans la maison hospitalière, dans l'amitié solide d'un homme qui était Messin par le cœur, d'Alexandre Bixio.

A cette époque, la direction des études et l'état des esprits à l'École polytechnique étaient dominés par l'Académie des sciences beaucoup plus que par le gouvernement. Avec quelque apparence de raison, on disait que les études étaient poussées avec rigueur vers les théories et les vérités abstraites et on attribuait à l'influence de ces théories le cours qu'avait pris l'esprit des élèves vers les idées républicaines. Il était vrai que les sciences mathématiques absorbaient à cette époque tous les efforts des élèves et que les examens étaient plutôt des examens de mémoire que des exercices d'intelligence, surtout pour les sciences naturelles. Les cours de physique dirigés par Lamé et les cours de chimie par Gay-Lussac et Pelouze, auxquels avaient été adjoints, comme répétiteurs, Peligot et Regnault, ne portaient pas alors tous leurs fruits. Ils semblaient constituer un enseignement dont l'objet n'était pas la pratique. L'immense quantité de matières que les professeurs cherchaient à faire absorber aux élèves détournaient ces derniers des expériences et des manipulations du laboratoire; mais Barral, qui avait une mémoire prodigieuse, s'assimilait avec la plus grande aisance les leçons de ses professeurs et trouvait le temps de les contrôler dans le laboratoire. « Gay-Lussac et Regnault ont été nos premiers maîtres, a dit Barral; c'est dans leurs laboratoires que nous avons débuté. » Sa vocation l'entraînait à son insu vers l'application des sciences naturelles et il se trouvait dans le courant de ses goûts, lorsque, sortant de l'École polytechnique, il entra en qualité d'élève ingénieur dans l'administration des tabacs.

A peine, en effet, avait-il pris ses nouvelles fonctions qu'il n'hésitait pas à entreprendre, avec une confiance un peu audacieuse, un vaste travail embrassant toutes les questions que comprend la fabrication du tabac. La jeunesse ne doute de rien et souvent elle a raison : car en 1842, deux ans après sa sortie de l'École, Barral présentait à l'Académie des sciences par l'entremise de son ancien professeur Pelouze une note sur les éléments qui composent la nicotine, cet alcali du tabac. Ortigosa ayant fait, dans le *Journal de Liebig,* un travail sur la nicotine, découverte d'ailleurs par Vauquelin depuis 1809, Barral avait voulu prendre date. C'est en 1845 qu'il présenta son travail tout entier, et notre ancien président, M. Duchartre, me permettra de rappeler qu'il l'enrichit de notes dans la partie botanique. Deux ans après, notre confrère, M. Schlœsing qui, lui aussi, était élève de la manufacture de Paris, trouva une nouvelle formule, par laquelle doit être représentée la composition centésimale de la nicotine. Barral constata que la nouvelle formule de M. Schlœsing ne contredisait pas la sienne et il donna à sa première découverte une ampleur et une précision qui lui assurent dans cette matière le rang le plus distingué.

Dans le même temps, un art nouveau était né en France : l'art d'appliquer les métaux les plus résistants et les plus beaux en couches minces comme celle d'un vernis, ou à volonté en couches plus épaisses sur des objets façonnés avec d'autres métaux moins chers et plus tenaces que ceux-ci. Dumas avait fait à l'Académie, au mois de novembre 1841, sur les procédés de M. Elkington et de Ruolz, un rapport resté célèbre. Barral, prenant pour base de ses recherches une des conclusions formulées par Dumas, expliqua comment l'or était précipité à l'état métallique sur les différents métaux en couches continues et adhérentes. Ce travail, qui date de juillet 1846, fut suivi d'une note, en 1847, sur les différences qui existent entre les dorures au mercure et les dorures électro-chimiques. Il faut citer encore dans ce temps de travail scientifique un mémoire sur la composition de la faïence pour les poêles et les panneaux de cheminées. Ce dernier travail a été spécialement apprécié par Alexandre Brongniart dans son *Traité des arts céramiques*.

On voit que Barral, à ses débuts, recherchait déjà les

causes de faits scientifiquement démontrés, pour en tirer le meilleur parti dans l'intérêt de l'industrie, et c'est ainsi que, reprenant la démonstration d'Arago sur l'aimantation de la limaille de fer sous l'influence des courants électriques, il s'efforçait de déterminer la relation qui existe entre la puissance du courant électrique, le poids et les dimensions des fers aimantés pour la construction plus précise des machines électro-magnétiques.

Un homme régnait alors en maître à l'Académie des sciences, à l'Observatoire et à l'École polytechnique. C'était Arago. D'abord élève, puis professeur d'astronomie et de géométrie jusqu'en 1830, il était toujours présent, à l'École polytechnique par son beau-frère Mathieu, examinateur perpétuel, et par tous les professeurs, parmi lesquels il faut nommer son ami particulier, l'illustre Gay-Lussac. Arago avait ce mérite supérieur de rechercher et d'aimer les jeunes gens, auxquels il savait inspirer le plus respectueux attachement par sa passion pour la science. C'était pour lui un grand bonheur que de mettre en lumière le mérite des inconnus, de rendre justice aux découvertes d'autrui, d'entretenir, comme il le disait, « le feu sacré » ; mais il réservait toutes ses tendresses — et le mot tendresse n'est pas de trop pour indiquer les élans d'un cœur passionné — il réservait toutes ses tendresses pour les élèves de l'École polytechnique qu'il appelait « ses jeunes camarades ». L'École polytechnique était à ses yeux l'institution nationale ; il la défendait, l'exaltait et ne voyait qu'elle. Qui en sortait était sûr de sa bienveillance, et cette bienveillance, comment Barral ne l'aurait-il pas méritée ? D'abord professeur de physique et de chimie au collège Sainte-Barbe, où il resta jusqu'en 1852, il était rentré à l'École polytechnique où, depuis 1845, il était répétiteur du cours de chimie professé par Victor Regnault. Joignez à cette raison décisive le charme d'un esprit souple et ardent, une mémoire incomparable et un tour particulier pour accommoder sans effort les théories à des solutions pratiques. Vraiment Barral réunissait toutes les qualités pour séduire Arago.

Le caractère transcendant des sciences mathématiques, qui semblait se personnifier dans Arago, ne faisait pas oublier à ce grand esprit que la gloire de la science est de servir les intérêts et les besoins des hommes, et que son but est de tendre à des fins pratiques pour le bien du plus grand nombre. Il faut appuyer sur cette rencontre heureuse entre le génie du maître et le caractère du disciple, parce qu'elle explique et justifie l'honneur qu'Arago fit à Barral de le citer dans sa Défense de l'École polytechnique, écrite vers 1851 et publiée comme appendice à l'éloge de Gay-Lussac. Pour prouver que les études théoriques sont une préparation féconde, quelle que soit la carrière qu'on doive définitivement embrasser, Arago prit Barral comme exemple. « Ainsi, dit-il, la première de nos industries, l'industrie agricole, a dû chez nous quelques-uns de ses progrès les plus incontestables à l'intervention des élèves de notre École nationale qui avaient renoncé aux services publics. Lorsque la question des engrais préoccupa naguère si vivement le public agricole, M. Barral, de la promotion de 1838, fut le premier qui discuta la question avec précision et clarté. L'administration lui a rendu publiquement ce témoignage. De même, M. Barral fit voir comment le sel ingéré par le bétail favorisait la conservation des engrais, et donna des règles pratiques pour l'assimilation de ce condiment sur l'action duquel on était loin d'être d'accord (1). »

Arago avait d'autres motifs pour protéger et faire valoir Barral. Le gouvernement ne se trompait pas quand il regardait l'École polytechnique comme le foyer des opinions républicaines qu'Armand Carrel avait représentées dans la presse. Barral, répétiteur à l'École polytechnique en 1847, se trouva naturellement avec toute l'École dans le mouvement de la Révolution de 1848. Arago son patron, Bixio son ami, étaient au premier rang des élus de l'Assemblée Constituante. Barral avait 29 ans : c'est dire qu'il parla, écrivit et, s'il n'agit point, se produisit avec assez d'éclat pour se rendre suspect dans l'échauffourée d'octobre 1849, où Ledru-Rollin fut gravement compromis. Barral perdit du coup sa place de répétiteur à l'École polytechnique et cette disgrâce fit sa fortune. Arago le prit sous sa direction scientifique et Bixio dans l'administration du *Journal de l'agriculture pratique*. Cette double protection s'affirma publiquement, lors des voyages aériens que Barral et Bixio firent en juin et juillet 1850 sous les auspices d'Arago.

Vers 1849, le monde savant s'était pris de passion pour certaines questions météorologiques et surtout pour la question de la direction des aérostats. De nombreuses communications étaient faites à l'Académie des sciences, et c'est à leur propos que les deux amis résolurent de tenter un coup d'éclat. D'autre part, Gay-Lussac venait de mourir (9 mai 1850). Il parut à Arago

(1) Œuvres complètes d'Arago. T. III, p. 108.

que ce serait rendre hommage à la mémoire de son illustre ami que de renouveler le célèbre voyage aérien qu'il avait fait en 1804 et qui lui avait permis de déterminer la composition de l'air à une hauteur de 7,000 mètres. Arago dressa le programme des questions à résoudre ; Regnault et Walferdin préparèrent des instruments. Le temps était mauvais, nos intrépides voyageurs s'élancèrent intrépidement dans les airs le 29 juin à 10 heures du matin. Le ballon s'éleva comme une flèche et disparut dans les nuages. Mais bientôt le ballon déchiré tomba sur la nacelle, et nos voyageurs furent précipités vers la terre avec une rapidité foudroyante ; sans leur courage et leur sang-froid ils étaient perdus. Des laboureurs accoururent heureusement à temps pour les dégager et les sauver. Dans de pareilles conditions, les observations scientifiques dictées par Arago n'avaient pu être résolues. Il fallait recommencer. Les préparatifs de cette seconde ascension se firent par une journée de tempête. De grands vents se croisaient avec force. L'anxiété régnait parmi les spectateurs réunis dans le jardin de l'Observatoire. Regnault dit à Arago : « Par ce temps, on peut constater quelque chose de nouveau. Gay-Lussac est parti par un temps calme. » « Vous avez raison, dit Arago, qu'ils partent ! » et le 27 juillet, à 4 heures de l'après-midi, Barral et Bixio s'élancèrent pour la seconde fois dans les airs. Cette fois ils réussirent au delà de leurs espérances. Les aéronautes traversèrent une masse nuageuse d'air glacé qui fit tomber le thermomètre à 39 degrés au-dessous de zéro, c'est-à-dire à la température où gèle le mercure. Un jour que Chevreul le pria de raconter devant nous les incidents de cette ascension célèbre, Barral nous fit

observer que le passage d'un nuage composé de gla-
çons rend très bien compte de ces changements subits
de température que nous éprouvons dans nos climats et
qui portent atteinte à la santé des hommes et des végétaux, et il terminait son discours par cette parole : « Les
observations des phénomènes aériens intéressent certainement la végétation et l'agriculture beaucoup plus
qu'on ne le pense généralement. »

Bien que les physiciens, et de nos jours Gay-Lussac,
aient étudié la composition de l'atmosphère dans les conditions d'une pureté parfaite, on sait que cet état se trouve
modifié par les courants qui apportent de la terre des éléments nouveaux et donnent naissance aux vents, à la pluie
et aux orages. « La pluie, a dit Arago, est un des phénomènes les plus beaux et les plus féconds en résultats pratiques. J'ai dû l'examiner au point de vue des intérêts
de l'agriculture et de l'aménagement des terres (1). »
Veuillez retenir cette parole du maître pour comprendre
le but du disciple, et songez à la très grande influence
de la pluie sur la végétation, au moment où Barral,
sous les auspices d'Arago, commence ses belles et
longues recherches sur la composition des eaux de
pluie tombées à l'Observatoire de Paris. Les rapports
très élogieux d'Arago constatent que Barral ne découvrit pas, mais dosa, pour la première fois, les proportions d'acide nitrique et d'ammoniaque, qu'on trouve
dans les eaux de pluie pendant tous les mois de l'année,
et il montrait l'intérêt de cette découverte pour la connaissance raisonnée des phénomènes de la végétation.
Barral, de son côté, dans sa notice sur Arago, se plaît à

(1) Œuvres complètes d'Arago. T. XII. p. 391.

nous rappeler que le grand physicien poursuivait un but pratique et qu'il ne perdait pas de vue les destinées de l'agriculture. « Sur les cultivateurs instruits, sur la science agricole elle-même, les travaux d'Arago, a dit Barral, ont exercé une réelle influence. Les cultivateurs ont appris par son enseignement et par ses écrits comment on peut se servir utilement de la météorologie. La science agricole s'est enrichie par ses travaux de notions exactes sur les températures, la rosée, la pluie, le tonnerre, dont l'action sur les produits de la terre amène l'abondance ou la stérilité. »

Tant qu'Arago vécut, Barral fut toujours à ses ordres, et dans les trois ou quatre années qui précédèrent sa mort, Arago associa Barral à ses travaux. Si le traité d'astronomie populaire fut dicté en grande partie à Goujon, l'un des élèves les plus distingués d'Arago, Barral travailla au grand ouvrage sur *l'État thermométrique du globe terrestre*. A diverses reprises, Arago reconnaît, dans le cours de son argumentation, que les recherches historiques, statistiques ou scientifiques appartiennent en propre à Barral. Mais la santé d'Arago s'altérait de plus en plus, et le diabète emportait peu à peu sa vue. C'est alors que dans ces termes il fit appel au dévouement de tous ceux qui l'entouraient : « Galilée, déjà aveugle depuis quelque temps, écrivait en 1660 que se servir des yeux et de la main d'un autre, c'était presque jouer aux échecs les yeux bandés ou fermés. Pour moi, dans l'état de santé où je me trouve, au moment où je dicte ces lignes, ne voyant plus, n'ayant que quelques jours à vivre encore, je ne puis que confier à des mains amies, actives et dévouées, une œuvre dont il ne me sera pas donné de surveiller la publication. »

Ces mains amies, actives et dévouées étaient-elles bien les seules mains de Barral?

Arago avait travaillé et vécu au milieu d'une famille dont la postérité gardera le souvenir. Adoré de ses fils, vénéré par sa sœur et son beau-frère, M. et Mme Mathieu, il était adoré, vénéré et servi par sa nièce, qui était aussi son secrétaire, Mme Laugier. Ceux qui vivaient avec lui ne l'aimaient pas seulement avec passion; ils professaient pour lui un véritable culte. Quand on apprit qu'un étranger, un jeune homme qui n'était pas même de la grande famille de l'Académie des sciences, allait mettre la main dans les papiers d'Arago et imprimer son nom au-dessous même de celui d'Arago, il ne parut pas seulement que la mémoire du grand homme allait courir un danger, mais qu'on allait commettre une profanation. L'Académie des sciences s'en émut, et Barral dans la vivacité de sa défense, osa écrire dans son journal : « Ce serait un crime contre la science, si l'on ne permettait pas à celui qui a recueilli les dernières confidences, de mettre à exécution les idées d'Arago. » Le crime, comme disait Barral, ne fut pas consommé. Alexandre de Humboldt, qui avait vécu quarante-quatre ans dans l'intimité d'Arago avait connu Barral et savait ce qu'il valait. Il apporta dans ce débat son puissant témoignage et paraît avoir imposé la conciliation. En publiant l'atlas du *Cosmos*, Barral ne paya pas à Alexandre de Humboldt une simple dette de reconnaissance. Humboldt ne cessa de prouver toute l'estime qu'il avait des talents de Barral et, finalement, le chargea, comme l'avait fait Arago et comme devait le faire Gasparin, de publier ses œuvres.

Chevreul en eût certainement fait autant; je le sais. Il est impossible, mes chers confrères, que la confiance de ces illustres savants dans le dévouement et la capacité de Barral, ne vous paraisse pas un des titres qui honorent le plus la mémoire de notre ancien secrétaire perpétuel.

Je viens de nommer Gasparin et je m'arrête pour noter à quel moment commence son influence sur la carrière de Barral. Ce n'était pas seulement Arago, mais Gasparin lui-même qui entretenait à cette époque l'ardeur de Barral pour les études touchant à la physique du globe. Le fait est curieux. Gasparin, collaborateur du *Journal d'agriculture pratique,* approuvait entièrement la direction nouvelle que, depuis 1850, Barral avait donnée au journal, en introduisant, par l'organisation de nombreuses correspondances, des observations régulières sur les temps, sur les températures, sur les relations de l'atmosphère avec l'agriculture. En 1849, n'avait-il pas fondé, avec Haeghens, Charles Martins et Bravais, l'*Annuaire météorologique* dans lequel ces savants demandaient au gouvernement français l'organisation de stations météorologiques, bien avant que M. Kupffer, directeur de l'Observatoire physique de Saint-Pétersbourg ne fît remarquer officiellement que de pareilles stations étaient déjà créées en Russie, en Angleterre et en Allemagne? Gasparin ne fondait-il pas en 1853, avec les collaborateurs de l'*Annuaire,* avec Charles Sainte-Claire Deville, d'Abbadie et Barral lui-même, cette Société météorologique de France qui devait venir prendre une place glorieuse dans la science, à côté des Sociétés de géographie et de géologie, pour embrasser le domaine tout entier de la physique terrestre? Parlant de l'amitié dont l'avaient honoré des savants illustres, Gay-Lussac, Arago, de Humboldt et Gasparin, Barral donnait la première place à Gasparin dans la direction de son esprit et le cours de sa carrière. Il lui dédia, en 1869, son ouvrage intitulé : *Trilogie agricole*, pour rendre hommage, disait-il, à la mémoire du savant qui l'avait le plus fortement engagé à poursuivre la carrière agricole. On voit à quel point tout s'enchaîne dans les relations de la vie et dans les œuvres de l'esprit et comment l'exemple de Gasparin avait entretenu la passion de Barral pour la météorologie agricole dans le temps même où les conseils d'Arago l'entraînaient vers les problèmes de la physique du globe.

II

Désormais, vous pouvez embrasser d'un regard l'œuvre scientifique de Barral et en détacher les parties originales et vivantes. Il a suffi de reconnaître les débuts de sa vie, pour en comprendre la suite et en juger la fin. Une vive lumière éclaire cette immense quantité d'articles, de discours et de rapports sous lesquels ses titres scientifiques auraient couru le risque d'être ensevelis. Le domaine des sciences appliquées à l'agriculture est tellement vaste que personne ne peut l'embrasser tout entier avec une égale force et le pénétrer dans toutes ses parties par des observations personnelles. Toutefois, dans les travaux des hommes qui sont doués, comme Barral, d'une grande mémoire et d'un génie particulier pour tout analyser et tout comprendre, on découvre des points spéciaux auxquels le cours des circonstances a ramené sans cesse les tendances naturelles de l'esprit pour les fixer définitivement dans des œuvres durables. On s'aperçoit, par exemple, qu'au milieu de nombreux travaux de chimie, la physique terrestre a été, sa première et véritable vocation et que, pendant toute sa vie, la composition, les conditions et l'action réciproque de l'air, de l'eau et de la terre au point de vue général de la production ou de l'agriculture proprement dite ont été l'objet de ses méditations et de ses découvertes.

A peine faut-il noter parmi les découvertes de Barral les faits constatés dans son ascension aérostatique de 1850, puisqu'il exécutait les instructions d'Arago et de Regnault et qu'il en a partagé l'honneur avec Bixio ; mais sa théorie sur la formation des glaces aériennes a trouvé faveur et elle accompagne dignement ses belles recherches sur les éléments qui sont contenus dans les eaux de pluie. Comme l'a fait remarquer Arago dans un célèbre rapport, on savait par les recherches de Bergman, de Brandès, de Liebig, de Ben-Jones, que l'eau de pluie contenait de l'ammoniaque et de l'acide nitrique ; mais Barral, le premier, institua des procédés d'analyse qui lui permettaient de ne rien perdre des éléments divers dont l'eau était composée, et il finit par constater dans les eaux de pluie pendant tous les mois de l'année la présence de proportions d'acide nitrique et d'ammoniaque susceptibles d'être parfaitement dosées. Boussingault, qui s'est livré à des recherches du même genre et qui les a étendues à la rosée, au brouillard et à la neige, constatait en 1853 l'importance du travail de Barral : « M. Barral a rendu un véritable service à la science agricole en introduisant dans la question de l'ammoniaque atmosphérique la notion de quantité, sans laquelle il est absolument impossible de se former une idée tant soit peu exacte de ce qu'un hectare de terre reçoit d'azote assimilable par les eaux météoriques (1). » Ces faits eurent d'autant plus de retentissement que l'opinion exprimée par Liebig qu'il est impossible de doser l'acide azotique contenu dans les eaux de pluie, même dans celles qui proviennent des orages, dominait dans le monde savant.

Les recherches de Barral sur la composition des eaux pluviales ne se bornèrent pas aux matières azotées que ces eaux renferment sous forme d'ammoniaque ou d'acide azotique. Il les fit porter aussi sur le chlore et les autres substances minérales entraînées dans les eaux. Il découvrit que la quantité de chlore apportée par les eaux de pluie serait de 12 à 13 kilogr. par hectare et par an, correspondant à 21 kilogr. de sel marin, et que l'apport annuel en matières phosphorées qui peut être fait au sol arable par les eaux pluviales correspond à la quantité très faible de 400 grammes d'acide phosphorique par hectare. A Rothamsted, Lawes et Gilbert ont trouvé que la pluie fournit au sol un poids de chlore égal à 15 kilogr. équivalant à 23 ou 24 kilogr. de sel marin ; il est incontestable que le voisinage de la mer exerce à cet égard une influence notable.

Étudier la composition de l'eau qui circule dans l'atmosphère pour en reconnaître l'influence sur la végétation, étudier l'eau qui circule ou reste stagnante sur la terre, n'est-ce pas toujours l'étude du même phénomène : l'action de l'eau sur la production du règne végétal ? De

(1) BOUSSINGAULT. *Agronomie, chimie agricole et physiologie.* Tome II, p. 150.

même que Barral avait examiné dans une série d'articles la question du sel au moment où cette question était débattue devant le Parlement, de même la question du drainage traitée dans des discussions législatives lui fournit l'occasion d'une suite d'études approfondies. C'est ainsi que fut préparé et publié, en 1856, un ouvrage en quatre volumes, dont le drainage était à l'origine l'unique objet, mais qui finit par être un traité complet sur les moyens de fertiliser le sol par l'écoulement régulier des eaux sous la forme du drainage ou des irrigations. Parmi toutes les questions soulevées dans cet ouvrage, il en est une dont la solution lui est personnelle. Si le drainage assure, dans beaucoup de cas, une augmentation notable des récoltes, l'épuisement du sol qui en résulte est sensiblement supérieur à l'accroissement du rendement. Le fait acquis, Barral en chercha la cause dans l'analyse des eaux qui s'écoulent des drains et il découvrit dans toutes ces eaux la présence de nitrates en quantité notable. Dès lors, la vérité éclatait à tous les yeux et le comte de Gasparin pouvait écrire : « La valeur de ma terre est considérablement accrue dans le présent, et je penserai à l'avenir, en profitant de cette nouvelle source de fertilité que j'acquiers, pour lui préparer de nouveaux engrais, de nouvelles richesses qui puissent contre-balancer la perte de ce que l'eau de drainage entraîne. Ce nouveau point de vue résulte de la découverte des azotates dans cette eau, découverte qui appartient incontestablement à M. Barral. (1) » Les progrès de la science agronomique ont confirmé ces premières données et l'on sait aujourd'hui que la cir-

____

(1) *Journal d'agriculture pratique*, tome 1ᵉʳ de 1854, page 397.

culation de l'eau, de la chaleur et de l'air dans le sol, provoquée par le drainage, en active et accélère la nitrification. Du moment que les eaux drainées emportaient sous la forme de nitrate, des éléments de fertilisation, il était facile de supposer qu'on devait avoir grand avantage à employer ces eaux en irrigations. Cette pratique, grâce à Barral, est souvent adoptée, et je me plais à rappeler que notre confrère, M. Albert le Play, sur sa ferme de Ligoure, a fait servir très avantageusement à des irrigations des eaux pluviales qui avaient coulé sur les terres arables auxquelles il avait donné des fumures. Les matières fertilisantes entraînées par les eaux se trouvent ainsi complètement utilisées.

Il est inutile d'insister sur l'importance de l'eau dans l'œuvre de la production agricole. Faire disparaître l'excès de l'eau, suppléer à son insuffisance, en donner à la végétation la quantité nécessaire et la donner à un moment favorable, tel est un des plus importants problèmes de l'agriculture. Barral l'avait examiné, dès 1856, dans l'ouvrage dont je viens de parler, mais dont il faut répéter le titre, pour saisir l'aspect général et la relation de ses diverses parties : *Drainage, irrigation, engrais liquides.* Vingt ans après, en 1875, le gouvernement ayant institué des concours spéciaux d'irrigations, Barral eut l'occasion d'étudier, non plus sur les livres avec la perspicacité de son érudition, mais sur le terrain avec la solidité de son expérience, et bientôt après dans le laboratoire avec la sûreté du chimiste, toutes les questions qui se rattachent à l'art des irrigations. Barral fut pendant plusieurs années le directeur, le rapporteur, l'orateur et l'historien des concours d'irrigations. Ses rapports sur les irrigations dans les départements de Vaucluse, des

Bouches-du-Rhône, des Pyrénées-Orientales, de l'Isère, des Hautes-Alpes, et surtout l'ouvrage capital sur l'*Agriculture, les prairies et les irrigations du département de la Haute-Vienne*, forment un ensemble de travaux qui suffiraient à sa renommée; mais dans la question des irrigations, comme dans les questions des eaux de pluie et du drainage, nous retrouvons la pensée maîtresse qui revient sans cesse pour le pousser, dans le même cercle d'études, à des observations nouvelles et originales. En analysant la composition des eaux d'arrosage, il démontre que l'eau peut modifier les conditions physiques de la terre, mais ne suffit pas à lui donner les substances nutritives. La terre, comme l'homme, a besoin de boire et de manger, et l'homme lui-même doit, en donnant à la terre des engrais comme nourriture, lui donner de l'eau comme boisson.

Déjà M. Hervé Mangon, dans ses études sur les prairies arrosées par la Durance, avait constaté que, dans les irrigations du Midi, les eaux n'apportent aux récoltes qu'une faible partie des matières fertilisantes nécessaires à leur développement, et qu'elles servent surtout à rafraîchir le sol et à faciliter les phénomènes d'absorption et d'évaporation indispensables à la vie des plantes. Les analyses chimiques de Barral sur la composition des eaux d'arrosage dans leurs rapports avec l'état des récoltes le conduisirent à des conclusions, qu'il soutint par des considérations nouvelles : « Les irrigations sont importantes, non seulement par les matières que les eaux d'arrosage apportent avec elles, non seulement par le besoin d'humidité qu'elles satisfont, mais encore par les réactions qu'elles favorisent dans la couche de terre successivement mouillée, aérée, mise en contact avec des composés minéraux et organiques. C'est pour ces motifs qu'il paraît impossible de nier qu'à la théorie simplement statique des irrigations, il ne faille substituer la théorie dynamique, afin d'expliquer avec certitude tous les faits constatés par la pratique, l'expérience ou l'observation, et de guider sûrement dans ses opérations l'agriculteur arrosant. » Cette vue générale confirmait scientifiquement la pratique des contrées méridionales, où les terres, soumises à l'irrigation doivent toujours être pourvues de copieuses fumures.

Vous vous souvenez de la passion avec laquelle Barral se jeta dans la lutte contre le phylloxera. Il suivit la marche de la maladie avec la supériorité d'un médecin qui ne se perd pas dans des incidents et des expériences sans portée. Quand il posséda tous les éléments de la question, il les réunit dans l'admirable conférence faite en avril 1882 à la Société d'encouragement et dans un livre intitulé : *la Lutte contre le phylloxera.* Parmi les moyens de combat, Barral conseillait, avec une prédilection marquée, la submersion des vignes. Si M. Faucon a été le père de ce procédé, Barral en a été le parrain. Sans s'en douter, il revenait à sa théorie favorite, l'action de l'eau sur l'hygiène de la terre, et il se trouva nécessairement conduit à étudier les causes de la surprenante prospérité de la vigne dans les dunes sablonneuses d'Aigues-Mortes. La composition chimique de ces sables ne permettait pas d'expliquer la fécondité des vignes ; d'autre part, les pluies sont rares dans ce pays, et aucun ruisseau n'arrose ces terrains qui, avant la culture de la vigne, ne présentaient qu'une végétation chétive. Pendant deux étés, Barral parcourut ces dunes, la sonde à la main, contrôlant ensuite les expériences sur

le terrain par des expériences de laboratoire. Il finit par
trouver le secret. « La présence constante d'un sable
aquifère, dit-il, mouillé par de l'eau douce au point
d'être fluide, me paraît être la cause de la vigueur de
végétation du vignoble d'Aigues-Mortes ; la capillarité
de toute la couche sableuse fournit aux racines de la
vigne l'humidité nécessaire à la plante, à son beau feuil-
lage, à ses raisins, malgré l'absence de la pluie (1). »
Ces belles expériences et ces justes observations ve-
naient confirmer la théorie émise en 1872 par notre confrère, M. Paul de Gasparin, sur la différence du phénomène de la capillarité dans un sable siliceux et dans un
sable calcaire, et la découverte qu'une nappe d'eau sou-
terraine entretenait la fécondité des terrains crayeux,
dits *Paluds* du Comtat-Venaissin. L'ouvrage de Barral
sur le phylloxera donnait gain de cause au *Traité de la
détermination des terres arables* et nos deux confrères,
qui furent toujours des collaborateurs et des amis, eurent
le bonheur, à la fin de leur carrière, de se rencontrer encore une fois dans un accord scientifique.

Ces exemples, recueillis à toutes les époques d'une
carrière de trente ans, suffisent pour montrer l'unité des
vrais titres scientifiques de Barral. Assurément, s'il avait
pu être seulement un savant et toujours un savant, il au-
rait apporté à la science des faits nouveaux dans toutes
les parties de l'agronomie auxquelles il se serait appliqué.
Il avait non seulement la force qui pénètre au fond des
questions, mais l'intelligence qui les rapproche et les
compare. Mais, à bien considérer, l'esprit de Barral valait plus en étendue qu'en profondeur, et si, comme l'a dit

(1) *Comptes rendus de l'Académie des sciences* et *Bulletin de la Société
nationale d'agriculture* (février 1883).

M. Paul de Gasparin, « l'agronome complet doit réunir et classer dans son cerveau toutes les conquêtes du travail et de la science », par l'universalité de ses connaissances, Barral était un agronome complet. Quarante années d'un travail acharné l'avaient amené, vers la fin de sa carrière, à une possession si forte de toutes les matières de l'agronomie contemporaine qu'il entrevit comme un rayon de gloire dans l'exécution solitaire d'un Dictionnaire complet d'agriculture. Ce que Bixio et ses collaborateurs avaient fait en 1825 dans la *Maison rustique*, ce que nos confrères Moll et Gayot avaient fait avec leurs amis dans l'*Encyclopédie de l'Agriculteur*, Barral résolut de le refaire à lui tout seul, et il eut le temps de rédiger sur ses notes les premières feuilles de cet immense travail. La mort interrompit ses desseins mais respecta son œuvre. Cette œuvre a été reprise, complétée et continuée par le dévouement de collaborateurs éminents sous la direction de M. Henry Sagnier, qui soutient dignement, dans la publication du *Dictionnaire d'agriculture* comme dans la direction du *Journal de l'agriculture*, la renommée de son maître et de son ami.

III

Le moment est venu de faire entrer en scène celui qui joua le premier rôle dans la vie de Barral. Vous l'avez nommé : c'est Bixio. Bixio était plus âgé d'une douzaine d'années, et cette différence d'âge, en lui donnant l'autorité d'un patron, n'était pas assez grande pour lui enlever l'intimité d'un ami. D'Italie il était venu en France chercher la fortune. Cette fortune, il comptait la demander à la médecine ; il la trouva tout à coup dans la presse. D'une forte et fine trempe, avec beaucoup d'esprit et de cœur, du savoir-faire et du courage, il séduisit ceux qui lui étaient utiles et garda prisonniers ceux qu'il avait séduits. Quand dans la vie on a des amis, de vrais amis, on a tout. Voilà l'histoire de la *Maison rustique*, du *Journal d'agriculture pratique* et de la *Librairie agricole*.

Poussé par le génie des sciences naturelles dans lesquelles il avait pénétré par la médecine, Bixio était entré dans l'agriculture par l'art vétérinaire. Il s'était réservé l'économie des animaux dans la noble publication de la *Maison rustique du XIXe siècle* qu'il entreprit avec Bailly de Merlieux et Malepeyre. Quatre gros volumes réunirent et groupèrent en un corps de doctrine les pratiques les plus avantageuses et les principes les plus accrédités de la science de 1830. Par sa nature même, la *Maison rustique du XIXe siècle* était une maison construite d'ensemble pour garder, dans un classement raisonné, les archives du passé et les documents du présent : elle ne pouvait subir dans son organisation première ces changements que le temps rend nécessaires. La France possédait, grâce à nos confrères et à notre librairie Huzard, la publication des *Annales de l'Agriculture française* que fonda Tessier en 1803 et qui devait s'éteindre en 1876, étouffée sous le flot toujours croissant des journaux et des mémoires des sociétés savantes. Les *Annales* étaient donc un recueil, une revue, et pourtant il fallait donner un asile à tous les esprits allant et venant dans la pratique et dans la science à la recherche des problèmes et des questions du jour. C'était l'œuvre du journal. Il suffit à Bixio de concevoir le dessein du *Journal d'agriculture pratique,* pour qu'il fût adopté et exécuté par les collaborateurs de la *Maison rustique,* par Moll et Payen, Loiseleur-Deslongchamps et Vilmorin, Arago et Gasparin, Bouley et Leclerc-Thouin, Robinet et Royer, Héricart de Thury et Mathieu de Dombasle. Le journal de Bixio fut la première publication hebdomadaire destinée à populariser l'agriculture; il fut l'occasion et le fondement de cette Librairie agricole qui, elle aussi, était un signe des temps et devait rendre tant de services par la propagande de livres excellents sur toutes les parties de l'économie rurale.

Le *Journal d'agriculture pratique* date de 1837 et Barral arrivait à Paris en 1838. On peut juger de l'effet que dut produire, sur l'esprit et l'imagination d'un jeune homme tel que Barral, cette association des talents les plus divers se groupant autour d'un ami tel que Bixio. Les relations, les opinions, les intérêts même de Bixio et de Barral se confondirent peu à peu. La politique, la science, les affaires les unirent tour à tour dans les liens d'une vie presque commune. Cependant, Barral ne débuta officiellement qu'en 1845 dans le *Journal d'agriculture pratique* par un article de vive critique dans lequel le hasard lui fit prendre à partie le rapporteur de l'Académie des sciences, Payen lui-même. Cela est curieux !

La question de l'emploi du sel en agriculture, comme l'a dit notre illustre confrère, le premier des Becquerel, qui traita cette matière en 1848 pour nous faire honneur, attirait alors l'attention des gouvernements et des agriculteurs dans toute l'Europe. Elle avait été remise dans la discussion publique, par la proposition Demesmay tendant à la diminution de l'impôt du sel, et deux illustres savants, Gay-Lussac à la Chambre des pairs, Boussingault à l'Académie des sciences, dissertaient, en attendant qu'un troisième, Milne Edwards, fît, en 1850, un rapport officiel à la demande de Dumas. L'occasion était bonne. Barral publia pendant les années 1847 et 1848 neuf grands articles qui établirent solidement sa réputation de critique. Épuisant la matière au point de vue de l'érudition, ces articles se distinguaient par des aperçus nouveaux et des expériences faites et bien faites dans le laboratoire de Regnault à l'École polytechnique. Ils se terminaient par cette proposition : « Le sel exerce une action très favorable sur la conservation des forces musculaires et l'accomplissement des principales fonctions de l'organisme. » Quand on relit les mémoires dans lesquels nos confrères, Becquerel, Milne Edwards, Boussingault, Delafond et Barthélemy, étudièrent l'influence du sel et surtout des diverses espèces de sel sur l'alimentation et la végétation, on apprécie les distinctions et les réserves que Barral établit heureusement, suivant qu'on fait entrer le sel dans l'amendement des terres ou dans le régime des animaux.

A la même époque, de 1846 à 1848, Barral se répandit dans la presse politique. On suit sa trace dans diverses publications et notamment dans la *Démocratie pacifique*. Fondée en 1840, la *Démocratie pacifique* tentait de mettre en relief le rôle économique et relativement raisonnable des idées de Fourier et de poursuivre le progrès social par l'association du capital, du travail et de la science : « Si les télégraphes, s'est écrié Barral près de vingt ans après, sont mis aujourd'hui à la disposition du public, si le port des lettres a été réduit à vingt centimes, si les chemins de fer se sont multipliés de façon à changer les conditions de notre existence, si aujourd'hui tout est possible et tout se fera, ne le doit-on pas aux efforts que nous avons faits jadis, moi et d'autres lutteurs, pour vulgariser les nouveautés et populariser les progrès par la science? » Vingt fois dans sa vie, Barral est revenu sur cette pensée que sa vocation était de populariser les faits qui devaient améliorer le sort des populations rurales. « Je dois être jugé sur ma passion à faire et à dire des choses utiles. » Aussi, lorsque la Révolution de 1848 porta Bixio dans la politique des grandes affaires, Barral se trouva tout prêt à recevoir et à continuer les destinées du *Journal d'agriculture pratique,* que Bixio d'ailleurs ne prétendait pas abandonner.

Pendant les quinze années qui s'écoulèrent entre la retraite de Bixio et sa mort, entre 1850 et 1865, Barral fit des prodiges d'activité et de travail. Je note en passant une quantité d'ouvrages distingués : le *Manuel de drainage,* qui fut accueilli en 1854 avec la plus grande faveur et dont j'aurai l'occasion de reparler ; le *Bon Fermier,* que Léonce de Lavergne loua si vivement en 1858, et qui était le pendant du *Bon Jardinier;* l'impression du sixième volume du *Cours d'agriculture* de Gasparin, des articles publiés en 1861 dans l'*Opinion nationale* en faveur de la liberté de la boulangerie, et réunis en volume sous ce titre : *le Blé et le Pain;* enfin le mémoire présenté en 1863 à l'Académie des sciences sur la composition du blé, de la farine et du pain. Quel que soit le mérite de tous ces travaux, la direction générale du

Journal d'agriculture pratique mérite avant tout votre attention et vos souvenirs reconnaissants. En 1863, l'Académie des sciences décerna le prix de Morogues à Barral, pour honorer les progrès qu'il avait fait faire à l'agriculture par le succès croissant de son excellente publication. Bixio triomphait avec Barral. La moisson d'idées justes et utiles qu'ils avaient semées à travers les campagnes commençait à mûrir. Si les esprits étaient encore dans la confusion au point de vue des moyens de faire le progrès agricole, du moins ils étaient réveillés, mis en mouvement et portés sur la nécessité d'une instruction professionnelle. On ne saurait assez dire combien la récompense de l'Académie des sciences était méritée. Barral avait imprimé au *Journal d'agriculture pratique* un caractère nouveau et lui avait donné une valeur qui tenait à sa méthode de travail, à sa manière d'accomplir sa tâche, à son ardeur de faire et de bien faire par lui-même.

Arago avait dit : « Découvrir, connaître, communiquer, c'est la vie du savant. » Découvrir, connaître, communiquer, était pour Barral la vie du publiciste. Il ne se contenta pas d'exposer ce qu'avaient fait les autres. Il travailla lui-même, contrôla lui-même et jugea. Ce furent les expositions et les concours qui lui permirent de donner à ses efforts une autorité personnelle. L'étude permanente des expositions et des concours agricoles fut une des occupations favorites de sa vie et une des raisons de sa supériorité. Le rapport sur le premier concours international de moissonneuses fut publié en 1859, en collaboration avec M. Tisserand. Dans toutes les expositions internationales, en 1851, 1855, 1859, 1862, 1867, 1878, il fait toujours partie du jury et publie toujours les rapports les plus considérables et les plus distingués. Qui de vous ne se rappelle les comptes rendus de ses voyages dans toutes les parties de la France et les observations qu'à son retour il présentait soit dans le *Journal de l'agriculture pratique,* soit dans les discussions des sociétés savantes? L'universalité même de ses connaissances venait à point l'éclairer pour donner à ses décisions une clarté qui faisait paraître son opinion toute naturelle. Il était arrivé de très bonne heure, par la comparaison sans cesse renouvelée de toutes les choses de l'agriculture, à posséder un tact, une finesse d'appréciation qu'on appellerait du goût dans les choses de la littérature et de l'art, et qui constitue le véritable talent du vrai cultivateur.

Rien ne fait mieux pénétrer dans les efforts et les desseins de Barral pour agir sur l'opinion publique, que la création, en 1857, du Cercle de la *Presse scientifique,* et par suite la création, en 1861, d'une nouvelle revue : la *Presse scientifique des Deux Mondes.* « Nous sommes parvenus, dit-il dans le premier article de la *Presse scientifique,* nous sommes parvenus à placer le *Journal d'agriculture pratique* à un rang inespéré parmi les publications agronomiques. Il faut maintenant chercher à créer un organe des sciences pures et appliquées, faire connaître promptement, juger impartialement tous les travaux faits à l'étranger. Une branche nouvelle de littérature est née le jour où Jouffroy a créé une philosophie nouvelle par l'article célèbre : *Comment les dogmes finissent.* La science doit régner sur le monde. Il faut développer la presse scientifique qui date du *Globe* de 1825, du *Journal d'agriculture pratique* de Bixio de 1837 et des publications toutes récentes où commencent à briller les noms de Figuier, Moigno, Parville, Dehérain, Grandeau. » « Avec l'Exposition universelle doit commencer la presse scientifique internationale. Il faut marcher au combat. » C'est bien, en effet, un combat qu'il engage. Barral entend sonner le clairon dans tous les pays du monde. A son tour, il sonne la charge. Il ne se contente plus, comme il l'a fait depuis dix ans, de parler et d'écrire presque tout seul. Les publicistes scientifiques forment un bataillon. Barral est à leur tête. Il les devance par l'âge, il les égale par son ardeur. Il commande dans la *Presse scientifique,* dans le *Journal d'agriculture pratique,* dans la *Revue horticole*. Il est bien le chef, en 1860, de la presse agricole française.

La mort de Bixio, le 16 décembre 1865, fut pour Barral un coup terrible. Elle rompait une amitié de trente ans et faillit briser sa carrière. Divers incidents le forcèrent à quitter la direction du *Journal d'agriculture pratique*, qui fut très heureusement remise aux mains habiles et savantes de notre confrère M. Lecouteux. Le journal de Bixio conserva toute son autorité ; mais par un coup surprenant de fortune et d'audace, Barral garda tout son crédit. Il réussit, avec la collaboration de ses nombreux amis et l'aide de ses fils dont l'un, M. Jacques Barral, fut son préparateur ; il réussit à créer un journal, un journal de premier ordre, un journal qui partage le premier rang, le *Journal de l'agriculture*. Il fallait avoir la conscience de sa force et l'ardeur de son ambition pour entreprendre une œuvre si difficile. Absorbant la *Revue de la ferme* et la *Revue d'horticulture*, Barral eut bientôt le mérite de traiter, dans sa nouvelle publication, avec une compétence parfaite, toutes les matières de l'agriculture, de l'horticulture, de l'arboriculture et de la culture maraîchère. Le 26 juillet 1866, devant notre Compagnie, Barral dressa l'acte de naissance de ce nouveau journal : « La Société sait que, pendant plus de dix-sept ans, j'ai dirigé le *Journal d'agriculture pratique*, et que je lui ai consacré mes plus persévérants efforts. Je consacrerai plus d'énergie, plus de zèle, plus de travail, si c'est possible, au journal que je fonde aujourd'hui. » « Il est nécessaire, disait-il encore, qu'il y ait une enquête permanente, spontanée, dans laquelle la vérité soit dite avec fermeté. Le devoir du publiciste agricole n'est pas de chercher à faire prévaloir un système particulier envers et contre tous. On peut combattre soi-même avec ardeur pour un système déterminé ; mais il faut aussi laisser à ses adversaires le champ libre pour exposer avec non moins d'ardeur, si cela est nécessaire, les opinions opposées. »

Barral ouvrit donc une libre tribune qu'il offrit à tous les savants et à tous les praticiens ; mais cette tribune, il l'occupa lui-même. Son journal ne fut pas seulement l'écho des découvertes scientifiques et le rapporteur exact des événements du monde agricole ; il devint, par l'action permanente de la personnalité même de Barral, le procès-verbal hebdomadaire des revendications sociales et politiques de l'agriculture. La grande enquête de 1866 est une date mémorable dans l'histoire agricole du siècle et c'est précisément le moment où Barral se trouva forcé de créer le *Journal de l'agriculture*. Cette enquête avait été provoquée par un mouvement très profond de l'opinion publique, et quand le gouvernement impérial déclara qu'il était impossible de donner, pour le moment, satisfaction aux vœux recueillis et formulés, l'irritation fut vive, la déception fut grande dans la presse comme dans le monde agricole. A l'indolence calculée du gouvernement, la Société des agriculteurs de France répondit par sa constitution. Ce fut un coup de maître. Les agriculteurs s'étaient donné une armée et Barral se hâta de dire : « Avec la Société centrale d'agriculture, avec la Société des agriculteurs de France, avec les associations et les comices des départements, l'agriculture a maintenant son organisation; les moyens de défense sont complets. » La bataille s'étend et s'organise. On ne parle déjà plus de se défendre. Barral attaque. Il ne s'agit plus seulement du labour et du drainage, des engrais naturels et des engrais chimiques, des maladies des végétaux et des animaux, de la culture du blé, des betteraves et des vignes, de la physique, de la chimie, de la météorologie appliquées à l'agriculture, il s'agit de l'économie politique et naturellement de la politique.

Le publiciste infatigable, l'ancien rédacteur de la *Démocratie pacifique* et de l'*Opinion nationale*, le directeur des revues d'agriculture, l'homme de science, mais aussi l'homme d'affaires, devait, un jour ou l'autre, passer de la parole à l'action et se jeter dans les luttes électorales. Cela était inévitable. Nommé conseiller général de la Moselle en 1868, il fut le candidat de l'opposition aux élections de 1869 et réunit une minorité imposante de douze mille voix.

« J'ai soutenu la bataille par principe, a-t-il écrit dans son journal; je voulais arborer le drapeau agricole et je savais bien que le gouvernement voulait, avant tout, avoir comme députés du pays au Corps législatif des hommes qui n'auraient jamais d'autres idées que celles que les ministres viendraient eux-mêmes défendre à la tribune. Il est certain que les lois seraient plus favorables à l'agriculture, si elles étaient élaborées par des hommes ayant longuement médité sur les besoins et l'avenir de la culture nationale, au lieu d'être confiées à des esprits qui ne s'en sont jamais préoccupés. Les grands agronomes sont donc laissés à l'écart; les Léonce de Lavergne, les Boussingault, les Gasparin, pour ne citer que les noms les plus illustres, ne prendront aucune part à la préparation des lois rurales. La passion aveugle gouvernants et gouvernés. Si des catastrophes nouvelles n'arrivent pas, c'est que Dieu protège la France! »

La catastrophe survint, subite et terrible. Les pressentiments de Barral le poursuivirent et l'accablèrent avec une rigueur impitoyable. Metz fut perdue. Barral s'exila en restant Français. « C'était la mort, » me dit-il un jour. Non, c'était une vie nouvelle. L'homme politique, le candidat, l'ambitieux s'éteignit presque aussitôt. Le patriote souffrit en silence; le citoyen français reprit le bon combat pour l'agriculture qui, seule, disait-il toujours, peut sauver la France. Désormais, ses chroniques hebdomadaires ramènent, avec une persévérance acharnée, toutes les questions, tous les faits, tous les événements au point de vue dominant des intérêts agricoles. Dans l'ordre politique comme dans l'ordre économique, Barral donne à l'agriculture des allures de primauté et des prétentions de maîtrise. Il se plaint, il s'indigne que l'agriculture n'ait pas ses entrées dans les conseils de l'État. Il commande qu'on lui ouvre toutes les portes, qu'on la reçoive avec honneur, avec respect. En 1789, Sieyès s'était écrié dans une brochure célèbre : « Qu'est-ce que le Tiers État? Rien. — Que doit-il être? Tout. » Barral, au fond, conduit la même campagne.

Cent ans après la Révolution française, il répète :
« Qu'est-ce que l'agriculture? Rien. — Que doit-elle
être? Tout. »

Et en effet, pendant quatorze années, de 1870 à 1884,
Barral ne cesse d'écrire, de dire, de crier à tous ceux
qui possèdent ou cultivent la terre : « Sauvez la France,
en vous sauvant vous-mêmes. Vous avez le nombre :
comptez-vous. Vous avez le droit : lisez la loi. Vous
avez le devoir : considérez l'état de votre pays. Vous
avez l'intérêt : faites vos comptes. Vous êtes les maîtres : unissez-vous et marchez. Unissez-vous dans les
syndicats; unissez-vous dans les comices. C'est à Paris,
sur les bords de la Seine, dans la Chambre des députés,
qu'on a perdu l'Alsace et la Lorraine. Vous n'y étiez pas.
C'est à Paris, sur les bords de la Seine, dans la Chambre
des députés que vous êtes tenus d'entrer pour y com-
mander un jour et diriger les destinées de la patrie. »

IV

Si je ne me trompe, Barral nous apparaît maintenant
avec sa double personnalité de savant distingué et d'infatigable publiciste. L'œuvre de Barral se dégage elle-
même et se concentre dans l'unité de quarante années
d'efforts heureusement appliqués aux progrès de l'agriculture par la science et au relèvement matériel et politique des classes agricoles.

Une carrière dirigée vers un seul but, soutenue par
d'incontestables succès, devait être un jour couronnée
par quelques honneurs. La Société nationale d'agriculture se chargea de cet acte de justice, que devaient

consacrer la Société des agriculteurs de France et la Société d'encouragement à l'Industrie nationale et successivement presque toutes les sociétés savantes de l'Europe. A peine Barral avait-il pris possession de la direction du *Journal d'agriculture pratique*, en 1850, qu'il rendit hommage à notre Compagnie. Par la plume il la servit même longtemps avant qu'il ne lui fût permis de la servir par la parole. Plus heureux que beaucoup d'entre nous, il fut notre lauréat avant de devenir notre confrère. En 1852, sur le rapport de Payen, la Société nationale d'agriculture lui décerna une grande médaille d'or pour honorer la lutte qu'il avait entreprise contre les marchands d'engrais prétendus concentrés. C'est seulement cinq ans après, en 1857, qu'il remplaça Busche dans la Section des sciences physico-chimiques. Payen releva cette élection par des éloges publics. « Nous avons élu l'un des représentants les plus féconds et les plus courageux de l'agriculture progressive et de la presse agricole. » Barral répliqua galamment aux louanges de Chevreul et de Payen, en prononçant quelque temps après un discours sur les services rendus à l'agriculture par la chimie. Si le Bulletin de nos séances est rempli de communications qui font de Barral un des représentants les plus actifs de la Section des sciences physico-chimiques, il le montre aussi parmi les discoureurs les plus autorisés, les plus compétents et les plus dévoués de toutes les Sections de notre Compagnie.

On compare quelquefois les bouleversements de la nature aux révolutions de la politique et, toute banale qu'elle soit, la comparaison de l'orage et de la guerre éclatant tout à coup, ravageant tout, détruisant tout, conserve toujours une force saisissante.

C'est ainsi qu'en 1870, la Société impériale d'agriculture, présidée par le maréchal Vaillant, se reposait, comme la France entière, dans un calme profond. La présence, à notre tête, d'un des chefs de l'armée française nous semblait le présage d'une année pacifique. La déclaration de guerre à la Prusse retentit et frappe comme un coup de foudre. Les armées allemandes et françaises, à la manière des grands orages, s'amoncellent sur les bords du Rhin, s'entre-croisent, s'entre-choquent, se poursuivent et, dans un formidable tournoiement, viennent se rejoindre et s'écraser autour de Metz et de Sedan. Votre stupéfaction et votre douleur, mes chers confrères, furent partagées par la France tout entière, et, en 1872, Barral, devenu secrétaire perpétuel, vous a raconté avec d'autant plus d'émotion votre douloureuse histoire que cette histoire était la sienne.

« Vous vous sépariez pour vos vacances, vous dit Barral dans son premier compte rendu, lorsque les armées ennemies envahissaient nos frontières. Quelques-uns de nos confrères ont dû passer l'hiver au milieu des soldats, dans leurs propriétés mises au pillage ; d'autres, enfermés dans Paris, ont supporté les souffrances du siège et se sont consacrés à la défense, soit en s'armant du fusil pour monter la garde sur les remparts, soit en prenant part aux travaux des commissions chargées de l'approvisionnement, des ambulances, de la salubrité. Les mercredis, on se réunissait, non plus dans la grande salle, lieu ordinaire de nos séances, mais dans une petite pièce de la bibliothèque : car l'hiver était rude, le froid très vif, et l'on manquait de combustible pour chauffer un vaste local.

Après un échange de sentiments qui resserrait les

liens de notre affection mutuelle, on se remettait au travail accoutumé. Les procès-verbaux des séances tenues à cette lugubre époque ne peuvent pas être lus sans qu'on éprouve une véritable émotion. Quels sont, en effet, les sujets qui s'imposent aux délibérations de la Société centrale, que le plus illustre et le doyen des chimistes de l'Europe n'a pas cessé un seul jour de venir présider ? C'est l'installation d'un nombreux bétail dans Paris, c'est la nourriture de la population qui doit bientôt manquer de viande et ensuite de pain, et qui, tout de suite, est privée de lait et de légumes; c'est la fabrication du charbon de bois, et la sollicitude qu'il faudrait avoir pour ces arbres admirables que menace la dent du bétail et des chevaux parqués dans les jardins publics ; c'est enfin la pensée qu'après la levée du siège, il faudra labourer et ensemencer de vastes champs que la guerre aura forcé de laisser en jachères. »

Paris capitule. L'Assemblée nationale se réunit à Bordeaux. La paix est signée et quelle paix! au moment où le mois de mars ramène le printemps, où le soleil monte à l'horizon, où le cultivateur retourne aux travaux des champs et des ateliers, voici qu'à la guerre contre l'étranger, succède, sans intervalle, la guerre civile et que le sang français, après avoir coulé sur les champs de bataille, coule dans les rues de Paris. Le 18 mars, une nouvelle révolution s'est emparée de la capitale et c'est le 28, qu'après sept mois de silence, Barral reprend la parole dans le *Journal de l'agriculture*. Quelle courageuse imprudence et quelle périlleuse aventure! « Ce serait à désespérer de notre patrie, dit-il, si l'on ne ressentait pas pour elle l'amour qui sauve et, dans son avenir, la foi qui fait des miracles. » Le 1ᵉʳ avril, la Commune règne victorieuse dans Paris insurgé. Le *Journal de l'agriculture* s'enfuit et cherche un asile provisoire à Corbeil. « Mon devoir, dit Barral, est d'être au milieu des cultivateurs et non au milieu des fous. » Il est encore à Paris le 15. « Je ne quitterai Paris qu'à la dernière extrémité. Comment? je n'en sais rien. » Le 22 avril : « La guerre civile se prolonge ; j'ai lutté tant qu'il y a eu moyen de parler et d'écrire. C'est fini ! je quitte ma maison. » Il court saluer Chevreul. Il écrit à Huzard. Il s'échappe et gagne Versailles. De Versailles, le 29 avril il écrit : « Dans Paris, il n'y a plus un atelier qui travaille. Paris est investi : toutes les publications agricoles sont suspendues. Nous approchons de la fin. »

Le 6 mai, il continue : « Le canon gronde toujours ; c'est le suprême désastre. » Le 13 : « Nous recevons nos lettres. L'agriculture surnage : tout n'est pas perdu. » Non, tout n'est pas perdu. Tout au contraire est sauvé ; Voici l'armée française dans Paris.

Comment oublier jamais ces heures de suprême angoisse, pendant lesquelles il nous fallut, dans Paris ensanglanté, chercher, au milieu des ruines, qui était resté et qui s'était enfui, qui vivait encore et qui avait vécu. La mort avait pénétré dans le sanctuaire de notre Compagnie. Seul, Huzard restait debout. Chevreul, notre président, s'était alité, et Payen, notre secrétaire perpétuel, n'était plus. Subitement, le mardi 9 mai, lorsqu'il rentrait de la séance de l'Académie de médecine, Payen avait perdu connaissance. Pendant trois jours, il fut comme plongé dans un profond sommeil. « Pendant ce temps, a dit Barral, dans l'éloge de Payen, les obus éclataient tout autour de sa demeure et ces lugubres grondements troublaient seuls les prières de sa femme et de sa fille, agenouillées près de son lit. Le vendredi soir, 12 mai, il rendit le dernier soupir. Peu de personnes purent l'accompagner au cimetière de Grenelle. Huzard parla au nom de Chevreul. Les balles sifflaient autour de la petite assistance qui avait bravé tous les dangers. »

Saluons en passant, mes chers confrères, saluons avec respect le nom vénéré de Huzard. Il fut, dans ces jours douloureux, la Société tout entière. Il était trésorier perpétuel; il se fit le président et il devait être, avec une simplicité touchante, le secrétaire perpétuel pendant la plus grande partie de l'Année terrible. Notre Compagnie se reforma dans les premiers jours de juin. Dans la séance du 7, Huzard offrit à la Société les numéros du *Journal d'agriculture* publiés à Paris et à Corbeil dans les mois d'avril et de mai. Chevreul aussitôt prit la parole et remercia Barral, présent à la séance, des services qu'il avait rendus et qu'il rendait à l'agriculture. Il loua sans réserve la courageuse polémique qu'il avait soutenue pendant la bataille de la Commune. Ce jour-là, dans l'esprit de Chevreul comme dans le cœur d'Huzard, le successeur de Payen était désigné; mais l'un et l'autre tombèrent d'accord pour confondre le deuil de la Société d'agriculture dans le deuil de la patrie et pour laisser à tous nos confrères dispersés le temps de se retrouver, de s'entendre et de nommer publiquement celui qu'ils avaient secrètement choisi. Six mois après, le 13 décembre 1871, Barral, dans un scrutin régulier, reçut les honneurs du secrétariat perpétuel.

Barral ne fit que remplir son devoir en donnant à Chevreul des marques de sa profonde reconnaissance. Il en fut largement récompensé par l'influence qu'il tira de sa constante protection. Si, pendant quatorze ans, Chevreul régna dans la Société, Barral gouverna. Le dimanche, dans le cabinet du Muséum, il savait écouter le maître, et le mercredi, dans la séance de la Société, il savait parler à ses confrères. Il parlait sur toute chose, avec compétence et à propos. Il était toujours prêt. Ses communications avaient le mérite de l'actualité et le publiciste venait à point pour faire valoir le savant. Barral ne parlait pas seulement, il agissait. On a pu lui reprocher d'avoir été parfois un peu dominant, mais il ne l'était guère qu'avec l'agrément de notre président perpétuel. De cet accord, je prends un exemple. Personne ne contribua plus que Barral à mettre en lumière les très grands mérites d'Amédée de Béhague; mais dans cette campagne longue et juste il mit Chevreul de la partie. Vous connaissez le volume qu'il consacra à la glorification du domaine de Dampierre. Pour mettre hors de pair la renommée de Béhague, Barral ne craignit pas de déclarer que les descriptions des exploitations honorées par la prime d'honneur ne servaient pas ou ne servaient guère le progrès agricole. Il ajoutait que le domaine de Dampierre faisait exception, car il était le type et le modèle des meilleures exploitations rurales. C'était louer fortement, puisque c'était louer aux dépens d'autrui, mais c'était préparer les voies à Chevreul. Dans une de nos séances solennelles, Chevreul devait en effet déclarer à de Béhague qu'il avait mérité le bâton de maréchal de l'agriculture de France.

Tandis qu'il préparait les libéralités dont M. de Béhague a comblé notre Société, en contribuant généreusement à l'installer dignement dans cet hôtel, Barral poursuivait avec Chevreul la réorganisation administrative et scientifique de notre Compagnie. Il obtenait de notre confrère, M. Teisserenc de Bort, alors ministre de l'agriculture, le décret de 1878 qui confirmait à la Société nationale d'agriculture la constitution et les prérogatives d'une académie sans le titre d'Académie. A ce moment et à cette occasion, Barral montra pour vos intérêts et votre renommée le plus ardent dévouement et il en donna des preuves éclatantes lorsqu'en vertu de sa nouvelle constitution la Société ouvrit et poursuivit de sa propre initiative ou sur la demande du gouvernement, des enquêtes sur la situation de l'agriculture française, sur les grands froids de l'hiver de 1879-1880 et sur le crédit agricole. C'est ainsi que, pendant une douzaine d'années, couvert par l'autorité de Chevreul, soutenu par l'amitié de Béhague, encouragé par la bienveillance de Léonce de Lavergne et d'Adolphe Dailly, tous deux nos bienfaiteurs, Barral sut heureusement conduire les destinées de notre Compagnie.

Si un secrétaire perpétuel, pour la bonne administration d'une Société et la tenue des séances, doit rechercher avec empressement la collaboration des membres éminents qui tiennent la présidence des séances et forment le bureau, il est d'autres devoirs qui lui sont tout à fait personnels et qu'il ne peut remplir sans y laisser plus particulièrement la marque de son talent et de son caractère. La direction des publications scientifiques, les comptes rendus des travaux, les notices et les éloges, lui fournissent des occasions de représenter la Compagnie avec plus ou moins de zèle et plus ou moins de succès.

Quand on parcourt les cent comptes rendus annuels des travaux de la Société nationale d'agriculture, depuis 1780 jusqu'en 1884, on est étonné et charmé de voir que les quatre secrétaires perpétuels de notre Compagnie : Broussonet, Sylvestre, Payen et Barral ont toujours poursuivi le même but : l'application des sciences à l'agriculture, et qu'ils étaient animés par le même sentiment : l'amour ardent du bien public. Tous leurs discours, qui forment comme l'histoire des succès et des revers de notre agriculture nationale depuis notre fondation, ne pouvaient manquer d'être traités sur des tons différents, suivant l'esprit du temps et le talent naturel de l'écrivain. Et en effet, à mesure que le siècle s'avance, le cadre s'étend, les questions se multiplient, les sujets se renouvellent, les points de vue changent ; la pensée, toujours excellente et juste, quitte le style un peu vague et parfois solennel ; la langue se précise pour décrire plus exactement des faits nouveaux et, sous la plume de Payen, la clarté scientifique finit même par s'emparer du discours. Barral sait accorder toute chose très heureusement. Le compte rendu ne sera plus une suite de considérations générales ou de notes scientifiques : c'est un enchaînement de faits et de réflexions qui rendent agréable un récit toujours sérieux et solide. L'esprit littéraire pénètre également les éloges. Barral les compose et les traite avec une aisance supérieure et les relève par des touches de sentiment. Si les réflexions de ses comptes rendus s'écoulent dans un rapide et clair courant, l'émotion le saisit quelquefois dans ses éloges, pour l'honneur de nos confrères et pour le sien. C'est ainsi qu'il a loué, avec le charme pénétrant de la sincérité, Delesse, Durand, Combes et Becquerel.

Assurément, il ne m'appartient pas de faire le portrait de mes quatre prédécesseurs, pour avoir l'avantage imprudent de les comparer : car une comparaison établie entre Broussonet, Silvestre, Payen et Barral finirait naturellement par établir des rangs entre des hommes pleins de mérite et dignes à tous égards de notre reconnaissance ; mais on peut suivre le cours du temps et indiquer cet accord secret qui s'établit entre les talents et les circonstances au milieu desquelles ils se développent. Broussonet, pendant les années qui précédèrent la Révolution, remplit la Société tout entière de son infatigable activité. Il inaugure les comptes rendus, il dresse des instructions pour les cultivateurs, il publie sous le nom d'*Année rurale,* une espèce d'almanach qui contient des observations météorologiques et agricoles, il crée des concours champêtres qu'on appelle déjà des comices agricoles. Il parle avec chaleur et bon sens. Il fait l'éloge de ses confrères Gerbier, Turgot, Buffon et plaide l'alliance des sciences naturelles et des arts agricoles. C'est Barral avant 1789. Puis, vient Silvestre dont le cœur affectueux et l'esprit modéré s'affirment dans les temps moins troublés de l'Empire et de la Restauration. Pieusement, il s'occupe de la renommée de ses confrères ; sagement, de la bonne administration de la Société. Il est excellent, mais il n'a pas, pour les progrès de l'agriculture, cette ardeur passionnée que le génie de quelques savants et le développement de la presse feront pénétrer plus tard dans les mœurs et dans les intérêts.

Peu à peu la science prend des allures et des forces nouvelles. Elle étonne par ses découvertes, elle s'impose à l'attention publique ; elle prépare son irrésistible domination. Payen est le représentant de la science et même de la science appliquée à l'industrie et à l'agriculture, et comme la science fait tous les jours de nouvelles conquêtes, le rôle que joue Payen paraît de plus en plus utile, sa méthode devient de plus en plus nécessaire et porte avec honneur notre Compagnie dans le courant du siècle. Barral ne représente plus seulement les découvertes de la science pure, et l'application de ces découvertes à la pratique de l'agriculture. Ce qu'il représente, c'est la presse, et le progrès par la presse. Ce qu'il représente, c'est le combat de la vie par le Journal, la Revue, la Conférence; c'est le progrès, par la plume par la parole, l'instruction populaire, l'exemple des concours, des expositions, en un mot par tous ces moyens de propagande et de vulgarisation, qui ont transformé, avec la vapeur et l'électricité, les destinées du monde tout entier. De même que ses prédécesseurs, Barral a bien été l'homme de son temps. C'est le caractère de sa carrière, c'est l'honneur de sa mémoire. « Je n'ai jamais connu, a écrit M. Pasteur, quelque temps après la mort de Barral, un homme qui ait aimé plus passionnément le progrès de l'agriculture. » La pensée est juste et le mot restera; mais je puis ajouter, après M. Pasteur, qu'il poursuivit le progrès de l'agriculture par l'action et la renommée de la Société nationale d'agriculture.

Barral était un lutteur. Il est mort debout, il est mort tout entier; il est mort en travaillant, en combattant, avec une sérénité, un courage, un acharnement qui ont saisi d'admiration tous ceux qui ont assisté au spectacle douloureux de ses derniers moments. Il était mourant, quant il partit pour l'Exposition d'Amsterdam, et quand il se présenta, soutenu par sa fille chérie,

Mme Joloaud, on crut voir apparaître le spectre de lui-même. Il eut à peine le temps de revenir pour rendre le dernier soupir à Fontenay-sous-Bois, le 10 septembre 1884.

L'Exposition universelle devait rappeler à l'attention publique les noms de tous ceux qui furent depuis cinquante ans les promoteurs et les organisateurs des expositions internationales. Le nom de Barral ne pouvait pas être oublié; il ne l'a pas été et j'ai le devoir d'évoquer devant vous des souvenirs qui feront partie de votre histoire. Vous avez parcouru les longues galeries consacrées aux expositions de l'agriculture, et vous avez comme moi, j'en suis sûr, reconnu avec joie l'influence croissante des procédés scientifiques sur les destinées de l'économie rurale. Certes, si l'on a dit avec raison que dans l'Exposition agricole de 1889, les savants et les publicistes ont partagé avec les praticiens, la gloire des progrès accomplis, il vous appartient de mettre au premier rang celui qui avait consacré sa vie à l'œuvre de la propagande et auquel la mort a ravi la contemplation d'un demi-siècle de victorieux efforts. Mais, qui pouvait s'attendre à voir nos sentiments exprimés avec autant d'autorité que d'éclat et la renommée de Barral consacrée par un témoignage public d'estime et de reconnaissance? A la Tour Eiffel, cette merveille du siècle, qui célèbre dans les airs l'alliance triomphante du génie et du travail, sur la grande frise du premier étage, en des caractères dorés, sont inscrits les noms des soixante-douze savants qui ont fait faire depuis cent ans le plus de progrès à l'agriculture et à l'industrie. Dans ce cortège de noms illustres, voici le nom de Barral. L'hommage que M. Eiffel a rendu à votre quatrième secrétaire perpétuel est un honneur pour la Société nationale d'agriculture. Pendant de longues années encore, les visiteurs du monde entier reliront les noms de nos confrères inscrits sur la Tour Eiffel. Ils apprendront et répéteront qu'un grand nombre de membres de notre Compagnie : Lavoisier et Chaptal, Chevreul et Dumas, Morin et Tresca, Becquerel et Barral, n'ont pas seulement servi la cause de l'agriculture, mais l'œuvre même de la civilisation.

Paris. — Typ. G. Chamerot, 19, rue des Saints-Pères. — 25389